김병걸 시집

낙동강

낙동강

초판 발행 2003년 12월 10일

저자 김병걸

발행인 장영섭 | **편집인** 임경록 | **기획** 주성남, 강성철, 강윤경 | **편집 · 진행** 김완진

디자인 · 제작 경희교육 IP 임종기

홍보 · 마케팅 한인기 · 오승재

펴낸 곳 (주)연합뉴스 동북아센터

등록번호 제 1-1498호

110-140 서울시 종로구 수송동 85-1

대표 02)398-3114 | **편집** 02)398-3766~7 | **영업** 02)398-3593~4

ISBN 89-85802-01-1

값 6,500원

연 합 詩 選

김병걸 시집

낙동강

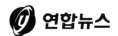

연합뉴스

공 말타기, 쥐불놀이, 도망구, 딱지치기, 코피 나서 우는 아이들의 노는 소리와 밥 먹어라 찾아 나선 어머니의 종종걸음. 동네 뉴스를 주고 받는 노인네들이 앉아 있는 느티나무가 그리운 날입니다.

죽어라 고생고생하다 기어이 돈 벌었다는 친척의 반가운 소식과 남루하 지만 홀연히 잠적했던 친구의 귀가길에 던진 첫 말같은, 비 오는 날에 만나 는 원두막 같은 詩를 쓰고 싶습니다.

살면서 거역 못할 절망이 흔하다지만 가끔은 속살 젖는 목소리와 소식도 있어 나는 삽니다. 그리움이 많아 잠 안 오는 밤이면 하늘을 봅니다. 그리 운 만큼의 쓸쓸함이 나를 지배하고 그 외로움이 詩가 됩니다.

졸지에 만나는 '아닌 밤중에 홍두깨' 라든가 '자다가 뜯는 봉창' 도 뜬금 없이 더러 있지만 그 황당함이 나를 건져주는지도 모른다는 생각을 했습니 다.

나를 키웠던 낙동강에 부은 발을 담그고 나도 물살이 되어 숨을 고르고 별이 된 사람과 강이 된 사람의 이야기를 바람에 들으며 말없이 흘러가고 싶습니다.

이제 가출의 허영심을 버리고 집으로 돌아가려 합니다.

산도 들도 강도 길도 그리고 친구와 마을 사람들이 세월만큼 낯설어 있 음에 울컥 눈물이 솟구칩니다.

詩語의 선택과 말을 아껴야 한다는 詩의 기초적 접근과 형식에 다다르지 못하고 감상에 치우친 잘못을 알기에 詩의 본질 획득에 실패했다는 꾸지람을 기꺼이 받겠습니다.

무슨 말이든 아무도 나를 말해 주지 않을까봐 늘 겁내면서 내 삶의 가지 끝에 나부끼는 울음과 태생적인 상처와 이기지 못한 절망을, 그 부끄러움을 어눌하게 말했습니다.

지금껏 저를 사랑해준 모든 분들의 흑백 사진첩 어딘가에 나도 거기 함께 있었음을 기억해 주기를 바라며 저의 첫 시집 《낙동강》을 上梓합니다.

2003년 가을에

김 병 걸 삼가

차례

두메나 산골 ___11

미루나무 밑에 가면 ___12

안면도 ___13

조약돌 ___14

감자를 심으며 ___15

개똥참외 ___16

가을꽃 ___18

청량리 588 ___19

자전거 둘 ___20

논두렁에 서면 ___21

아부지 ___22

늦가을 ___23

종점에서 살아요 ___24

노을 ___25

겨울 ___26

별 ___27

천둥답 ___28

4H모자 ___30

나무들의 대화 ___32

황무지 ___33

우리 동네 사람들 ___34

허수아비 ___36

공원에서 ___37

생쌀 ___38

봄 ___39

오냐, 오냐 ___40

질경이 ___41

편지 ___42

먼 길 오면서 ___43

닷새 장 ___44

홍수 ___46

강나루 ___48

차례

분교 ___49

낙원동 새벽 ___50

첫눈이 오면 ___52

반상회 ___53

落日 ___54

담쟁이 ___55

파고다공원 ___56

착각 ___58

낙동강

  I 후분이 ___59

  II 어머니의 메아리 ___59

  III 석동이네 ___60

  IV 뽕짝 ___61

  V 벽사장 ___62

낙원상가의 악사들 ___63

엇박자

  I ___64

  II ___65

은진미륵불 ___66

나팔꽃 ___68

대추를 말리며 ___69

벼룻길 ___70

고향

  I ___71

  II ___72

객쩍은 충고

  I ___74

  II ___75

단풍 ___76

까막눈 ___77

浦口 江口 ___78

차례

기차가 지나 간다 ___79

愚作 ___80

우리 어메 ___82

기원에 가면

　Ⅰ ___84

　Ⅱ ___85

　Ⅲ ___86

로스구이 ___87

고기네아부지새 ___88

병렬이 형 ___90

달팽이 ___92

섬 ___93

軍歌는 행군의 아침 ___94

미시령 ___96

길 ___97

대학로 ___98

짐 ___100

홍도화 ___101

선거 ___102

맘 맞는 우리끼리라도 ___104

우리 동장님 ___105

초하 ___106

허기진 날의 사랑 ___107

그리움의 번호 ___108

사는 法 ___109

서울 아리랑 ___110

輓歌 ___111

알기 쉬운 法

　Ⅰ ___112

　Ⅱ ___113

서울 민들레 ___114

낙엽 ___116

차례

연합동기회 ___117

사진 ___120

재개발 조합 아파트

  Ⅰ ___121

  Ⅱ ___122

  Ⅲ ___123

산꼭대기에 바위 ___125

쑥부쟁이 ___126

張三李四 ___127

게 ___128

모정 ___129

나팔꽃 관찰 ___130

대한국민 만세다 ___132

원수의 총칼을 받아라 ___134

스팸 ___136

사람들 ___137

순덕어미 ___138

홍시 ___139

억새 ___140

술 ___141

밤 ___142

발문 – 정공채 ___143

두메나 산골

비럭질도 화적질도 못할 주제렷다

평생을 산이 되어
더는
내려갈 줄도 오를 줄도 모르렷다

김씨가 강이 되고
이씨가 들이 되어도
하나 부탁할 일도 없는 두메나 산골
수유꽃 지고 나면 억새꽃이라도 필 터

이 산 내려가면
영욕의 바람에 내 한 몸조차 가누지 못할지니…

미루나무 밑에 가면

미루나무 밑에 가면 미루나무에 목매 죽은 귀신이 있고
물푸레나무 밑에 가면 저절로 죽은 물푸레나무 있고
상수리나무 밑에 가면 상수리나무에 치여 못 크는 밤나무
있다

미루나무 밑에 가면 귀신이 된 겁간의 주검이 있고
물푸레나무 밑에 가면 대들지 못한 세상이 있고
상수리나무 밑에 가면 자기와 닮았다는 이유로 배척당하는
사람이 있다

안면도

바닷물 날 때 갯벌 누웠음을 보네
바지선 한가한 오후
사람들은 시간의 밀물로 바다와 함께 가고
가면서 가져가지 못한 말들이
파도로 부서지는 섬

갯벌에 앉아
바다가 뭍 안에 있음을 확인하네
내가 세상에 누워 있음을 보네

물고기와 해초와 수많은 조개들이
바다를 만들고
우리가 미처 부르지 못한 이름 하나
바다에 사는 안면도

조약돌

오 너로구나
다시 보니 나였구나
더는 빼앗길 것도 고집할 것도 없는 세상
이제는
그 누구도 나를 어쩌지 못하지만
이기려고 대드는 일 잊고 산 지 몇 해
겁날 것 없는 세월 바람에게 주고
목숨껏 자리한
지금의 우리

감자를 심으며

내일을 캐는 열매 땅으로 보낸다
저 한 몸 죽어 피는 감자를 묻는다
감자를 심을 때는 되도록 말을 아껴야 한다
봄은 내가 열겠다고
그래야 가을이 보장된다고
자신만이 그럴 힘과 자격이 있다고
외치던 사람 많아 시달린 감자에게
비료며 농약값 얘길 절대로 해서는 안 된다
소출 걱정을 미리 말해도 안 된다
말 안 해도 말없이 흘린 농부의 땀과 눈물이
저를 키운다는 진실을 감자는 안다
손발이 터지도록 우리가 묻은 억울한 언어를
감자는 안다

개똥참외

황토가락 돌아가는 아리랑을 아십니까
동동주로 꺾어지는 지화자를 아십니까
고드랫돌 품앗이와 두레로 땅을 일구고
죽어서도 너어와 너어와 꽃상여 함께 매고
이리 가도 사돈이요 저리 가도 사돈이라
핏줄 섞인 우리이건만
이 강산 삼천리 무엇이 문제던고
예나 지금이나 그 얼굴이 그 얼굴인데
놀부와 뺑덕어미 아직 안 죽었는가
눈 시퍼렇게 뜨고 이 나라 백성으로 아직 살았는가

보름달이 유정터라 눈썹달이 살갑더라
서로 우기며
달은 달일 뿐이라고 아무리 말려도
개똥참외보다 못한 개똥철학 따지며
개똥만도 못한 시를 뱉는다

보리밭 끝난 뒤 숨어 익은 개똥참외
밀밭 끝난 뒤 몰래 먹는 개똥참외
개똥참외 같이 예 있소, 나 왔수다
슬며시 내미는 세상 없는가?

황토가락 돌아가는 아리랑 먹고
동동주로 꺾어져 지화자로 익어가는
개똥참외 같은 이 땅의 농부여
건강한 사람이여

가을꽃

가을꽃들이 지는 뜨락
멀대 같이 키 큰 꽃도 앉은뱅이 꽃도
덜 자란 꽃도
초읽기에 몰려 달라는 대로 다 주고

당신의 영욕에 볼모였던 나
더는 들볶일 일 없는 자유
비로소 완전한 독립으로 이 뜨락을 떠나리라

청량리 588

이쁜 꽃 앞줄에 앉고
못생긴 꽃 그 뒤에 숨어 숫자 늘리고
커텐 올린 저 유리창 안
화분에 담긴 꽃들이 웃는다
제 발로는 한 발짝도 화원을 도망칠 수 없는 분재
호객을 하는 늙은 꽃이 나비를 잡는다
묻지도 않은 꽃값을 매기며
이쁜 꽃 앞줄에 세우고
못생긴 꽃 그 뒤에 숨겨 호기심만 돋우고

어디서건 꽃은 이쁘고 볼 일이라는 사실을 확인한다

자전거 둘

초등학교 소사 정씨의 자전거는 선생인 사촌형 자전거보다 더
비까번쩍해선 안 된다. 길을 달릴 때도 정씨의 자전거가 앞서
는 걸 본 적 없다. 도시락 보자기의 위치도 사뭇 다른데 형 도
시락은 자전거 뒷자락에 점잖게 걸터앉고 정씨의 도시락은 핸
들에 매달려 바쁜 세상 멀미로 달린다. 자전거에도 신분이 있
다는 걸 나중에, 한참 나중에야 알았다.

논두렁에 서면

목까지 차오르는 물에 잠겨 벼들이 웅성거린다
"모였을 때가 좋았어, 어디로 팔려갈지 늘 마음 설레였어"
"벼는 싫어. 매일같이 우리를 노려보며
그 사람이 하는 말 너도 들었지?
소출 얘기뿐이잖아, 정말 부담스러워"

"어제도 농약 땜에 어지러워 혼났어"
"저놈들도 얄미워 죽겠어, 우리 밥 뺏어 먹고
우리보다 더 쑥쑥 크는 피 말이야"
"곧 나락이 될 텐데 들키지 않게
쭉정이는 보이는 대로 감춰버려"

논두렁에 서면
벼들이 용쓰는 모습 보인다
세상에서 쫓겨나지 않으려는 나를 만난다

아부지

강 건너 산을 넘어 또 산을 넘어
중학 다닐 적
아침밥 짓는 연기 강나루까지 따라와
물살로 가고
나룻배에 올라 저만큼 보면
논둑길 돌아오는 아부지의 헛기침
잘 다녀 오라는 인사
제 아무리 연기가 하늘을 날아도
아부지의 모습이 더 높이 올라 가
학교까지 따라와
호통이 되고
길이 되는 삼십 리

늦가을

늦은 가을 오후
공원 벤치에 노인 서넛 앉아
붉게 타는 셀비어 보며
저것들도 이제 갈 때가 됐겠지
우리에게도 저리 붉게 타오르던 날이 있었겠지
산전수전 겪고
풍진 세상 끝자락에서
더는 비겁할 리도 비굴할 것도 없는 생애
이젠 우리 차렌가
양파 벗기듯 한 겹 한 겹 벗기우고
나를 다 버리기까지
자네나 나나 얼마나 힘들었던가
헛걸음할 일도 없으니
부르면 우리 쉬이 갈 수 있겠지
조치법도 계엄령도 겁날 게 없으니
홀가분히 갈 수 있겠지
돋보기 너머로 노을에 비낀 셀비어
바람이 와서 흔들고 간다
그 바람 속으로 노인 서넛 걸어 간다

종점에서 살아요

나 종점에서 살아요
시작이면서 끝도 되는 종점에서 살아요
눈 뜨면 길 떠나
눈 떠 보면 다시 돌아 온 종점에서
때 절인 정이나 만들며
가끔은 이별도 만들며
첫차로 가고 막차로 와도 되니
한눈 팔아도 놓는 안심
자갈길 진흙탕길 편도 없는 비포장길에서
언제나 누군가와 함께 버스에 올라 타
너덜너덜한 흥정에 장단 맞추다가
지쳐 골아 떨어진 잠으로 귀가하는 종점
여행도 역마살도 아닌
첫차로 떠나 막차로 돌아오는 종점에서
나 지겹도록 살아요

노을

귀향일랑 묻지 마세요
접을 새도 없이
잊어버려 기억도 안나요
나 매일 날 저문 곳에 서 있어요
막상 갈 곳도 없지만
걸음이 바빠요

겨울

시가 되지 못해
파지로 버려지는 나를 만나면
성큼
겨울이 와 있다

헤엄도 못 치고 물에 빠져 죽어간 낱말과
부르다 지쳐 쓰러진 이름을 떠올리며
유랑의 노래로 깊어가는 밤

세상은 죄 짓는 곳이며
목숨은 형벌이란 슬픈 사실에
나는
시가 못 되고
파지로 자꾸 버려진다

별

나 죽으면 어디로 가나
저리 많은 별 중에 어느 별에 가나
이승에서 지은 죄대로 데려가는 별 있으니
거기 가면 나와 닮은 이 무수히 만날 거다

내 불쌍히 여겼던 세상
적신 눈물과 시간
내 어여삐 여겨 차마 떨치지 못한 유혹이
부질없음을 한탄하는 날
구천에 떠도는 원혼이 되어
별마다 기웃댈까 그것이 겁날 뿐

전생에 어느 별에서 이 지구로 쫓겨 왔는가
다시 별에 가면
피 터지게 다툴 사람 있을까
고집할 그 무엇이 있을까
별은 오늘도 빛나고
별에서 별로 불려 다니는 무수한 나를 본다

천둥답

가뭄이 심하던 그 해
물줄기를 틀려고 도랑 허리를 자르니
소에 살던 용 울면서 하늘로 갔다는
용도랑을 따라가면
꺾지 못해 서러운 봄자락에
올망졸망 매달려 하늘에 닿는 천둥답

감자를 심으면 밭이다가
모를 내면 논이 되는 大登山
사람들은 거기 목숨줄을 매어 놓고
물지게로 여름을 퍼다 날랐다

사람이 살면 얼마나 산다고
출세하면 얼마나 한다고
네가 이기나 내가 이기나 한 번 해보자며
수제비로 때운 아침 등에 지고 넘던 산
할아버지 죽으면 그 산에 묻고
아버지 죽으면 그 산에 묻고
물꼬 싸움하다 죽은 사람 그 산에 묻고

홍역 앓다 죽은 아이도 그 산에 묻고
생과 사가 한 몸이던 산둥성이에
유정한 꽃 무심한 풀 뒤엉켜 핀다

물려 받은 희망이 고작 이거냐고
기박한 팔자 들춰 들들 볶던 삼복도
나뭇짐에 넘어지면 동짓달 돼기밭이라
운명을 갈아 엎고
사람들이 떠난지도 오래
지금은 묵혀서 산인지 田인지도 모를 천둥답이
묘자리로 금값이 되었다

오도 가도 못한 앉은뱅이
서러움 붙들고 살던 못난 천둥지기가
세상 참 오래 살고 볼 일이라며
어깨에 힘 주며 용도랑을 오른다

4H모자

새벽종이 울렸네 새 아침이 밝았네
너도 나도 일어나 새마을을 만드세
살기 좋은 내 마을 우리 힘으로 만드세
쿵짝 쿵짝 쿵짝 쿵짝
날이 새면 밥 짓는 연기보다
먼저 날아 오른 이장네 스피커에 새마을 노래

4H마크가 붙은 모자 쓰면
내 얼마나 서러웠던가
잘난 놈들 서울로 부산으로 대구로 가고
하다못해 구미나 안동에라도 가
솥공장, 농방, 제비원소주에 떡하니 취직하고
예서 어물적거리다간 장가마저 못 든다고
작별의 인사 없이 낙동강을 건넜는데
내 얼마나 못났으면 십리도 못 갔을까
영낙 없는 앉은뱅이 4H모자 쓰고
소출 좋다는 통일벼에 희망 걸고
동구 밖에 국기봉 어기영차 세우고

재 너머 예배당에 재건학교 서던 날
태극기 흔들면서
아직 없는 교가 대신
새마을 노래나 실컷 부를 밖에

나무들의 대화

어린 나무가 말했다
"나는 바람이 제일 무서워요"
큰 나무가 말한다
"나는 나무꾼이 더 무서워
아니지, 아니지 개발이 제일 무서워
저봐, 저 큰 산도 싹둑 자르는데
하물며 나 같은 것쯤이야"

지나던 한 사내, 이들의 대화를 듣고
"나는 마누라보다 사스보다 명퇴가 제일 무서워"

당장이라도 닥칠 것만 같은 위기에
모두 사시나무로 떨고

황무지

바람과 땡볕이 모래로 살아
하늘에 오르는 이 곳
누군가에 의하면
사람들의 한숨이 바람이 되고
이야기가 모래가 되고
못 버린 이별이 분노로 타올라 땡볕이 되었다나
황무지에서는
도전도 모험도 용납지 않아
굴복하는 순리만 있을지라

음모가 죽고 배반 없이
바람과 모래와 땡볕의 정렬한 대오
권리장전도 유신헌법도 법 위에 법도
일체의 판결도 존재하지 않는 황무지
천형의 땅이 아닌
우리들의 始原
황무지는 결코 말소리를 남기거나
발자국을 찍지 않는다

우리 동네 사람들

내 언제 그랬냐며
여름 홍수 내색하지 않고
온몸 덜덜 얼었던 겨울 말하지 않고
고르게 고르게 흘러가는 강

입 하나 줄인다고 열 여섯에
송아지 두 마리에 팔려 탄광촌 문경으로 시집간 점례
울음이 타는 가마 멀어지는
벼룻길이 끝나고 산모퉁이 어두워질 때까지
내 속을 누가 아냐고
내 속을 누가 아냐고 장승이 된 점례 어머니
두 모녀의 눈물 모여 물살로 흐르는 강

내 세살 적 여름 넷째 형, 나 업고 놀다 너무 더워 미역감다
못 돌아온 강

옛날 보국대에 징용 끌려갈 때마다
끽 소리도 못하고 도망 못간 강
사는 게 꿀려 겁 많은 세상 몰래 내다버린

우리 동네 어른들의 물길 높은 낙동강을
비명도 못 헤고 나 건너네

이 강을 건너야만 서울 간다고
이 강을 버려야만 출세한다고
쉬운 세상 만나러 기세 좋게 떠난 놈
호령하던 그 강에
삽 씻고 발 씻는 어른들 그 날처럼 또 있어
옹이와 티눈도 분간 못한 이놈들아
그게 어찌 너희만의 잘못이냐며
눈물 씻고 허기땀 씻는 세상이 흐른다

건너가도 좋고 건너와도 좋으니
잊지만 말라고 울부짖는 메아리가
홍수로 들이치다 헛걸음으로 떠내려가는
어머니의 역사
깃발이 아니어도
함성이 아니어도
천년을 흐르며 강이 된 우리 동네 사람들

허수아비

나락이 익어 갈수록 허수아비는
새들을 더 큰 소리로 부른다
사람들은 허수아비가 새들과 한패임을 모른다
가을이 고용한 이 파수꾼은
절대로 근무지를 이탈하는 일 없이
침입자와 맞서
가을걷이가 끝날 때까지
너 좋고 나 사는 영악한 거래를 한다
가끔은 한눈을 팔고
낮잠도 몰래 즐기지만
농부가 그 계산까지 염두했다는
기막힌 사실을 허수아비는 알까?

공원에서

Ⅰ

아이하고 모처럼 공원엘 갔다
"멀리 가면 안돼, 위험해"
그 말 떨어지기 무섭게
"전 멀리 못 가요, 아빠 혼자 두면
위험해서 안돼요"
나. 원. 참.
아이보다 어른이 더 위험한 밤

Ⅱ

세발자전거 탄 아이가 놀고 있다
두발자전거는 출입금지
만약에 말이야
아이가 두발자전거를 끌고 왔다면?

나를 한참이나 헷갈리게 하는 공원

생쌀

아우야
초등학교 2학년 때던가
네가 찹쌀 두 되 훔쳐내어 뒤안 굴뚝 밑에 감추던 날
신명나게 쥐들이 물고 나르다
꼬리 밟혀 발각된 그 날
너는 못보았니, 사실은 나도
땅콩 한 말 그 옆에 숨겼는데
쥐들이 몰래 까먹은 땅콩껍질 부스러기
너는 안봤니
생쌀 먹으면 이 생긴다
생쌀 자꾸 먹으면 부모 일찍 죽는다는 그 말
어메의 으름장을 아우야 너도 알았지
뒤안에 가끔 가던 어메의 발자국을 너도 보았지

봄

풀 먹인 동정 깃 하얗게 다리는 어머니 옆에서
삼동추 퍼런 잎 다듬는 어머니 옆에서
치마 끝자락에 지분대는 햇살 움켜쥐고
소곤소곤 다정해라 어느덧 봄

등록금 내야 봄방학하지
조합돈 갚아야 누나 시집가지
겨우내 얼었던 강 풀린 지 언제인데
왜 안 오노, 왜 안 오노
몸 풀러 친정 간 우리 형수

산보다 먼저
들보다 먼저 온
봄이 저리도 한창인데

오냐, 오냐

가리봉동 어디선가 자취를 하며
구로 3공단에 다닌다는 귀분이가
올 겨울에도 어머니께 보낸 소포 털쉐타 한 벌
덩달아 신이 난 우체부는 자전거에 속력 내고
귀분이가 보고 싶은 어머니는
재작년 이맘 때
울면서 건넜던 귀분이의 낙동강에 나와
이봐라, 이봐라 털쉐타 입고
오냐, 오냐 소리 없는 흐느낌을 강물에 던졌다

오냐, 오냐 네가 야근하면 나도 밤을 새우마
네가 건넌 강이 나처럼 깊으면 안 돼
눈물이 넘어오면 낙동강을 헤어라
네 설움, 네 고생 내가 다 가져가마
눈길이 험하니 설날 고향 올 채비 말고
한가해지거든 정말이지 한가한 때 오거든
꿈길처럼 횅하니 한 번 다녀가거라
니가 누군데, 누구 새낀데
오냐, 오냐

질경이

빌딩에 걸린 노을이 슬퍼지는 날이면
질경이는 이삿짐에 몸을 싣는다
변두리에 더 변두리로
사랑했던 서울을 싣고
간다, 간다, 자꾸만 간다
미나리 배추밭 몇 번을 지났나
벌 서듯 쫓겨 가는 길 하염없는데
어디인들 낯설으리 정 붙이기 나름이지
붙박고 살다 보면 고향인거지

용달차에 밟히고 개똥에도 밟히며
서럽게 피는 목숨 뿌리로 일어나
언 땅 골짝마다 무너진 언덕에도
봄 여름 겨울 없이 피는 질경이
팔자로 알고 살아가는
이 땅의 어진 백성들

편지

사람들의 말소리가 끊긴 저녁
꽃들은 아침을 위해 화장을 하고
나는 너에게 편지를 쓴다

겨울 이겨 낸 보리처럼 할 말도 많다만
깨꽃같은 사연도 많다만

그리움이 어찌 다 사랑일 수 있으랴

고덕 못 미친 암사동 논밭가에
스무 칸 원고지에 내 젊은 날이 울던 그 해
분 바른 순정을 내 앞에 쏟아놓고
강원도 어딘가로 방직공장 따라간 너

무소식이 희소식, 믿은 봄이 몇 번이냐
눈을 뜨면 너를 닮은 목련 저리도 화사한데
이번이 마지막이라며 너에게 편지를 쓴다
답장이 올 리 없는 편지를 쓴다

먼 길 오면서

먼 길 오면서
지도에도 없는 강도 만나고
산도 만났지

건너고 넘어 온 수많은 날이
내 가슴에 별이 되고 물살이 되고
바람이 되고

더러 호사한 사랑도 했고
남루한 이별도 있었지
아 이만큼 온 것도 행복한데
나 왜 자꾸 눈물이 날까
이제 내가 할 일은
고집했던 나를 버려야 하리
날마다 하나씩 하나씩

닷새 장

봄바람에 長三 흔들리고
가을달에 李四 홀로 되어도
여전히 닷새 터울로 서는 고향 九淡場
가게는 가게대로 난전은 난전대로
닷새 동안 웃자란 기다림을 풀어
풍문을 팔고
낯익은 인정을 산다

산길 십리
물길도 십리
저마다 고빗사위 자락을 즈려밟고
한달음으로 어우러진 이웃네들이
푸석잠을 털며
휘이 휘이 쏘다니는 장바닥에는
풍상에 절인 얼굴은 간 데 없고
배 부른 입심으로 모두 장돌뱅이가 된다

늘 다시 와도 반가운 추억으로 만나는
약장수며 도붓꾼들이

다음 장을 길 챙길 넘이면
먼지바람 이는 신작로엔 석양이 깔리고
탁배기에 휘청대는 길동무들의
왔던 길 되짚는 육자배기가
여덟 팔자로 엎어지고
턱숨이 차더라

홍수

해마다 홍수
하회를 돌아 광덕 들 신성 들 족치고
기어이 기어이 너 쌍호 들판 오는구나
강자락에 희망 걸던 잠사 몇 채 박살내고
수박밭 오이밭 나락 농사 망쳐놓고
논두렁 밭두렁 도랑까지 엎었구나

공화당도 신민당도 진보당도 밀어내고
산만한 붉은 기둥 꾸역꾸역 차는 동네
뱃길이 끊어지면 여름날은 적막강산
절해고도 유배지가 따로 없구나

어허라 쓴물 단물 똥물까지 한 데 쓸어
바른 대로 고하렷다 웬 잔말 많냐며
인정 없이 오는구나 사정 없이 가는구나

해마다 찾아오는 불청객에 잠시 넋을 놔도
어제 오늘 아닌 일 실망은 무슨 실망
제간 놈이 가을까지 뺏어가진 못할 터

길 없으면 길 내고
두렁 없으면 두렁 내고
도랑 없으면 도랑 내어 웃고 말 사람들
여름에는 비 오고
장마 지면 홍수 나고
씨 뿌리면 다시 나고

강나루

차마 울지 못한 마음과
끝내 주지 못한 말들이
강물이 되어 흘러가는 저녁
강둑에 앉아
나는 물망초 꽃잎을 하염없이 던졌다

차라리 바람이나 될 걸
따라갈 수 없는 너를 보내고
쫓아갈 수 없는 그리움을 던지며
얼마나 잘 사는가 두고 보자며 나는
실패한 사랑을 곱씹었다

사랑했으면 곱게 보내 달라고
아무 말도 말아 달라고
눈물로 대신한 너의 이별

물망초의 꽃말이 하도 서러워
돌아선 강나루 길
하늘엔 웬 별 그리 많은지
너를 닮은 별 왜 그리도 많은지

분교

기역 니은 잠이 든 교정에 / 맨드라미 저 혼자 피다가 /
아이들이 그리운 날은 꽃잎을 접는다 / 계절이 오는 운
동장마다 / 깃발처럼 나부끼던 동무여 / 다들 어디서 무
얼 하고 있는지 / 옛날 다시 그리워지면 / 텅빈 교실 내
가 앉던 의자에 / 나 얼굴 묻는다

늑목 밑엔 버려진 농구공 / 측백나무 울타리 너머로 /
선생님의 손풍금 소리 지금도 들리네 / 지붕도 없는 추
녀 끝에는 / 녹슨 종이 눈을 감고 있는데 / 다들 어디서
그 소리를 듣느뇨 / 추억 찾아 옛날로 가면 / 몽당연필
같은 지난 세월이 / 나를 오라 부르네

※ 2003년 나훈아가 취입하여 현재 방송중

낙원동 새벽

말조개 국물에 말던 새벽
밤새워 밀고 당긴 너와 나의 주장이
이 아침 우동 한 그릇만도 못하구나
떡이 되도록 퍼마신 술이
그래도 모자랐나 출출해 오면
결론 못 낸 이야기로 목을 축이고
친구야, 비틀걸음으로 귀가는 말자

저녁이면 다시 모여 어제 했던 그 얘기
우리가 열불 내도 아무 소용 없는 이바구로
누구 말이 맞냐고 또 한 판 붙을 터
문학이 죽고, 예술이 죽고, 순정이 죽고, 고향도 죽었는데
향락에 이글대는 불야성 거리만
살아서 눈 뻘겋게 뜨누나

을사조약, 4.19, 5.16이 어떻고
유신이 어떻고 새마을 운동이 어떻고
민주화가 어쨌는데
백 날을 떠들어도 흘러간 물레방아
되돌릴 수 없는 역사 제1공화국에서 제5공화국을

이빨이 아프도록 씹고 자정을 넘기면
문민정부, 국민정부 지금의 참여정부까지
공은 공 과는 과
우리한테 해준 게 뭐 있느냐고
우동 한 그릇만도 못한 울분을 타서
벌컥벌컥 들이키는 막걸리 소주잔에
보아라 참하게 추석달이 뜬다
너와 내가 못 버린 희망이 어린다

단성사를 돌아 인사동까지
불법으로 진을 친 포장마차
그 자리에 퍼질러 앉아 밑도 끝도 없는 논쟁
하필이면 왜 신라가 삼국통일 했느냐며
왜소해진 역사를 서러워 하는 우리
자, 취할 만큼 취했으니 각설하고
남북 얘기 해보세
잊고 사는 고구려 만주 얘기 해보세

첫눈이 오면

첫눈이 오면
사람들이 몰래 버린 사연과
살찐 짐승의 끝 모를 탐욕과
풀꽃들의 흔들림과
새들의 허기진 울음이 엎어진 그 길에
첫눈이 오면
내가 먼저 걸어 가고 싶습니다

어떻게 살았는지 숨기지 않아도
어떻게 살른지 말하지 않아도
길마다 돌부리로 솟아
때로 웅덩이로 가라앉은
우리들 역사
우 우 함성처럼 뻗어 간 저 길로
꽃 같은 눈송이 길을 덮으면
더는 줄 것도 뺏길 것도 없는 적빈한 몸으로
나 제일 먼저 지나가렵니다

반상회

반상회는 여편네들 차지였고
그나마도 걸러먹기가 일쑤인 한 번지 사람들
만나도 초면인 남정네들은
외딴 섬 뱃고동보다 멀었다

들고 있자니 무겁고
내려놓자니 깨질까 두려운 도시 편편에
배 부른 이기심이 쌓은 울타리마다
새벽 밀물에 밀려 온 소라같은 사람들이
세월을 썰물 치고 있다

익명의 얼굴로 만나
다시 헤어지는 법을 배워야 할
오늘은 반상회
통성명도 모르는 아이들은
아무렇게 어울려도 죽이 맞았다

落日

원고지마냥 고지식한 보폭으로
가난을 걸어가는 시인의 희망
승부에 청춘을 걸고
편자의 두께로 인생을 달리는 뚝섬 사람들의 희망

피면 떨어질 꽃을 가꾸면서도
피는 꽃만 알았지
지는 꽃은 몰랐던 우리네 절망
기수가 낙마하고
마권이 바람에 흩어질 때
낮고 습한 땅에 나뒹구는
아! 단명한 꿈이여

담쟁이

당신네들이 뭐라고 하든
나는 내 길 갑니다
위험하니 비켜 가라구요?
천만에요
부딪쳐 가다 보면 무슨 수가 나겠지요 뭐
어디까지 가는지 나도 잘 몰라요
허공만 아니라면
내디딜 땅
손 닿을 지푸라기라도 있으면
온몸 칭칭 감고 묵묵히 갈 겁니다
갈 수 있는 데 까지는요

파고다공원

약속했나, 사람들이 모였다
놀이터도 아니요
삶의 도피처도 아니요
목숨이 부지함을 확인 받고픈 자리
처음엔 집 나온 노인네들이 주류를 이뤄
장기판에 한나절을 보냈다
어쩌다 주머니 여유가 생기면 점 보는 재미도 쏠쏠했다
파고다공원의 인사는 "늙으면 죽어야 돼"

대개 두 패로 갈라지는데
지정된 자리가 자연스레 예약이 되고
차림새만 봐도 어느 패인지 금방 알 수 있다
후레자식이라며 아들 며느리 흉 보기도 지쳐
궁지에 몰린 걸 사정이 확연한 모임이 있고
갑갑해서 구경 나와 동무 삼은 패들이 주로 점심을 산다
사연이야 어떻든
어느 날부터 이들은 파고다공원 사람이 되어 갔고
하루라도 안 나오면 좀이 쑤셔 못 배기게 되었다

정문 앞에는 심심찮게 시위대들이 진을 쳤고
그들의 진부한 구호에 익숙한 고참들은
바람 빠진 풍선이 된 신세를 한탄한다

혹여 잃어버린 고향이라도 만날까
추억이나 주을까 하여 찾은 뜨내기도
눈물 나는 세상을 함께 적시는 곳
이제 더는 삶이 망측할 리도
기를 빡빡 쓸 이유도 없을 터
괜한 똥심 빼지 말자고 서로 위로하는 파고다공원

그랬지 우리가 소싯적 이 곳에서 3.1독립만세를 불렀다지
지금은 나하고는 아무 상관 없는 역사라며
철책 아래 마구 핀 봉선화에 속울음을 던진다
오늘따라 노을이 낮게 낮게 깔린다

착각

산보다 내가 먼저 산꼭대기에 올랐다
하늘을 만졌다
우수수 떨어지는 별
빗줄기로 내리지 못한 구름 덩어리를 밟으면
쏴아 쏴아……
내가 큰소리 치던 땅
금 그어 놓고 임자가 수시로 뒤바뀌는 땅
일순 뭔가를 토하는데
가만히 본 즉슨 사람들의 함성이다
산보다 높고져 외치는 절규다
누군가가 내 어깨를 친다
여보시오, 당신 너무 높이 올라왔어
바람을 믿지 말라니까
어디로 가는지 알기나 하는가
곤두박질 치는 비
젖은 속살에 드러난 환상의 실체
내가 만든 산

낙동강

I 후분이

돌석이네 맏딸 후분이가
접동새 슬픈 날 낙동강 건너
가마 타고 오줌 싸며 시집을 갔다
줄줄이 일곱 동생 말도 마소 가난턴 집
입 하나 줄인다고 눈물 줍고 가던 길
넘어지면 다시 올까 목이 메던 송아지
외양간에 타는 노을
즈려밟던 강이여

II 어머니의 메아리

내 고향 토담집 가면
누룩냄새 익은 온돌방에
잔기침 펄럭이며
철마다 문풍지를 바르는 어머니가 계시다
잘난 추억 다 빼가고
시덥잖은 옛날이

당신 기력만큼이나 바래버린 사진첩
보고 또 보며
훔친 그 눈물 가열한데
제 앞가림 핑계로 깊어간 낙동강
짚어보는 한숨에 그리움 스러지면
내 걱정 말고 너나 잘 살아라
내 걱정 말고 너나 잘 살아라
볼멘 메아리
낙동강에 던질거나

Ⅲ 석동이네

바람이 칼을 가는 강나룻턱에
어이 어이 부르면
뱃길을 저어야 할 석동이네 식구들
낮에는 여섯 식구 투망질한 물고기 비늘
봉당에 흘려 놓고
밤이면 뱃손님
어이 어이 문풍지로 우는 소리
석동이네는 일자무식

어이 어이만 알면 그만
오든지 가든지 사연이 뭐든지 내 알 바 아니지 뭐
저 강에 다 주지 뭐

Ⅳ 뽕짝

강이 운다고요?
다 못 버린 눈물이 깨금박질로 뛴다고요?
까짓 것 내버려 두소, 어제 오늘 일입니까
왜 만났는지
언제 헤어져야 하는지도 모른 채
허겁지겁 달려와
신파조 유행가나 엮으며
우리는 또 뽕짝이 된다

이러다 정말 정이라도 들면
그것도 서러운 정이라도 들면
그 뒷감당 어이할꼬
Coda가 들어맞게 알기 쉬운 박자로
흘러가는 낙동강을 모른들 어때

V 벽사장

강은 알고 있다
이젠 뺏을 것도 없다며
도회로 떠난 농부의 아들을
삭정이 가슴에 뚝뚝 꺾어지는 겨울

무성턴 날이 건너온 줄기마다
숨기고픈 함성 물살로 가고
돌아 갈 리 만무한 고향 그리움으로 가고
헛디딘 내 노래
모래알로 널브러지고

낙원상가의 악사들

창밖엔 부슬부슬 부르스로 내리는 비
진동 삐삐 울 때까지
백 원짜리 동전치기 포커판도 정말 지겨워
강남이면 더 좋고 강북이면 어때
룸에 드는 날도 갈수록 뜸해져
날품팔이 대기실의 침묵도 낯선 슬픔이 아니다

누가 버린 절망인가
목숨줄 같은 기타 5번 선이
삐딱하게 걸린 간판 귀퉁이에 얹혀 울고 있다
비는 여전히 내리고
추적추적 왈츠로 운다

엇박자

I

정작 시인이 되겠다고 벼르고 쓴 이십대의 詩
지금와서 보니
재주보다 과분한 단어다
구령 안 맞는 동작뿐이다

詩가 어려워진 삼십에서야
비로소 부끄러워진 나는
詩에서 도망가야 했다

쉰을 앞 둔 지금도
나의 시는 여전히 엇박자다

II

물구나무 서는 法은 몰라도 될 줄 알았는데
멀미로 걷는 세상
발 헛디뎌 일쑤 낭패 보고
내 풀에 내가 넘어진다
악마의 하늘이든 천사의 하늘이든
날개달기에 급급했던 나는
추락한 한 시절을 역사로 남기고
앉은뱅이가 된다

은진미륵불

선녀가
그것도 다섯이나 되는 선녀가
달빛 타고 내려와 목욕하고 간다는 오선당
마을 뒷산 정상에는 은진미륵불이 있었다
달리던 산맥이 꼬리 틀어 잠깐 쉬어 가는
일월산 끝자락에
돌부처와 돌보살 셋이 전설을 지켰다

누구의 등에 업혀 온 지는 모르지만
내가 초등학교 4학년 되던 그 해
아이들이 보고싶다며 교무실 화단에 미륵이 내려 왔다
[오선당 상상봉에 아침해 받고 / 낙동강 맑게 흘러 끊임 없
도다 / 기름진 넓은 들을 바라보면서 / 도 닦고 길을 닦는
쌍호국민교]
조회 때면 미륵이 선창하고
학교종이 땡땡 칠 때까지 다정했다

삼십 년이 흐른 후 분교가 된 학교
그 때까지만 해도 미륵이 건재한 걸 아는데
폐교가 된 지금 미륵은 어디로 가는가
필경 어디론가 가긴 갈 터인데
혹시 누가 서울로 업고 갈지
아니면 제 발로 오선당에 오를지
나는 그게 궁금하다

나팔꽃

장다리꽃 잡아 먹고
벌개미추 잡아 먹고
원추리꽃도 잡아 먹고
고개 빳빳이 든 꽃이란 꽃은 죄다 잡아 먹고
막무가내 피운 꽃이 겨우 고거냐
한나절도 못 쓴 기운 온 동네 소문내더니
내 진작에 알아 봤겠다
너의 그 철없는 방종을

대추를 말리며

나무에서 내려 오다 어딘가를 다친 놈
단물 찼다고 자랑하다 벌레 먹은 놈
비바람에 까불다가 떨어진 놈

흠이 있는 놈은 마를 때도 지랄 같이 마른다
햇볕이 드는 쪽으로 몸을 뒤집어도 주고
으깨어진 상처자리 옮을까봐 격리시켜 보지만
근본이 뒤틀렸거나
자학을 일삼는 놈은 자꾸 트집만 잡는다

이제부터 진짜 대추가 되는 건데
드디어 네 세상이 오는데
늙어도 곱게 못 늙고
곪거나 썩어가는 에이 못난 놈아!

벼룻길

산봉우리 미끄러지면
산비탈
숨 멈추고 밑을 보니
벼룻길

절름발이 하나
강물에 그림자 뺏긴
나른한 오후 세시

고향

헤어져서는 못 살 것 같아
저녁 등불이 보이는 곳까지만 딸 시집 보내고
꽃보라 눈보라 흩어지는 길 위에
오는 길 잊을까봐 발자국 새긴 사람들

반달만큼 외롭고 쓸쓸한 밤이면
봉선화 홑잎 같은 가슴이 시려
빨갛게 물들이던 情만 애달픈데
잘난 사람 어김없이 서울로 가도
한사코 눌러 사는 앉은뱅이들

가난도 내 몫이요
이별도 내 몫이라
바람 부는 칠백 리 낙동강에다
제 그림자 던져놓고 사는 사람들

물살에 담궈 보면
찌들은 아우성만 허우적대는
한 뼘도 못되는 목숨 안쓰럽지만
여기도 달과 별이 바꿔 뜨는 세상
오늘도 하염없네
꽃보라
눈보라

II

목매기 송아지가 풀을 뜯는 둔덕 지나
누이의 귓볼같은 참한 조약돌이
도란도란한 여울 건너면
노을이 내리고
저녁 연기 피워 올리는 작은 마을 있네

거기 순해 빠진 사람들
거기 눈물 많은 사람들
분내 나는 가슴 열고

가진 만큼 사네
아는 만큼만 사네

밤이면 남자는 아내를 사랑해 주고
뜨락엔 맨드라미
언덕엔 별

하루에 한 번 첫차가 막차 되는 정류소 앞
마을의 퀘퀘한 세간사가 무성히 자라
십리 밖
또 십리 밖 도회지로, 도회지로

객쩍은 충고

I

몸을 낮추세요, 총알은 피해야지요
대오의 중간쯤에 서세요
지뢰를 먼저 밟지는 않을 거외다
온당한 논리라도 육성을 다 싣지 마세요
상대방의 자존심이나 치부는 절대로 건드리면 안돼요
무수한 암기들이 날아 오니까요
져도 본전인 싸움도 있고
이기고도 지는 전쟁도 있을 터
당신이 원하지 않아도
적을 만드는 세상
도식화된 수사는
소매 속의 비수임을 잊지 마세요

II

사는 게 힘 부칠 때
당신은 잠시 귀양살이한다고 치십시오
누구에게든 유예된 시간은 있는 법입니다
유배지에서 일생을 마친
운 없는 사람도 더러 있지만
대다수는 때가 되면 복권이 되었습니다
그 날을 믿고 자신을 곧추세우십시오

단풍

그럴 수밖에 없었다고
한마디만 해줬어도
내 너를 불지르진 않았을 터
살 떨다
이기지 못한 분노
온 산에 토해 놓고
떨어져 누운 너

까막눈

낙동강에 가서도 낙동강을 못 봤다
비봉산에 가서도 비봉산을 못 봤다
언제는 내 봤던가
여태도 못 보는데

내가 까막눈인 걸
까맣게 모르고 산다

浦口 江口

박하분내 나는 말문을 열고
비둘기 둥지를 치는 곳
거기 아름다운 사람들이 살아
더운 가슴
눈물 나는 이야기로 뜨고 저무는 포구
낯선 배들이 고동을 울리며
닻을 내릴 때면
오지랖이 가시내들이 순정을 피웠다

문설주에 까치놀이 지분거리는 주막
막걸리 추렴으로 만선의 바다를 건지는
건장한 사내들의 가슴을 떠올리며 가시내들은
감자꽃 필 무렵에 시집 가는 꿈도 꿨다

적어도, 남자는 하늘이며
여자는 천둥지기라 믿는 이 고장 가시내들
포구엔 날마다 낯선 배가 들고
누가 먼저 끌었는지는 모르지만
순정 따는 생면부지의 사내들이
정들면 고향이라고 북적거렸다

기차가 지나 간다

개벽한 천지라도 있나, 웬 난리여
개망초 흐드러진 뚝길에 앉아
아하 기차 가는 소리였구먼요
아니죠, 아니죠. 탑승객의 놀래킨 심장 뛰는
소리였구먼요

조치원을 막 지난 어느 오후
놀라운 뉴스에 덜컹거리며
헐레벌떡 달리는 궤도
잘난 세상 씨부렁거리며
못난 나를 궁시렁거리며
어제처럼 기차가 지나 간다

愚作

I

공부하러 떠난 자식놈, 쉰 살의 어머니는
내 걱정으로 한숨 지으셨지
-잡초처럼 쑥쑥 크거라
하지만 잡초는 되지 말아라
그리고 20년
어머니는 내 청춘의 이랑을 헤고
나는
당신의 기다림
그 빈 그루터기를 지키는 겨울 허수아비가 됐다

II

맨땅을 걷어차면 고집 센 여름
거품 문 논엔
농부의 하늘이 누워있고
그래도 물꼬는 높아야 한다

무딘 폭우에도 구박받지 않을 여름 의무는 힘이 부친데
마른 땅에 곤두박질하는 부실한 열매

자연을 순순히 용서한 내 사랑이 비를 맞아도
긴 가뭄 끝엔
야윈 가을이 있을 터

우리 어메

쌍호학교서 내가 젤 먼저 운동화 신었고
나이롱쉐타를 입었다지만
그렇다고 해서 우리집이 중뿔나게 잘 사는 것도 아니었어
그리고 내가 대곡사든 지장사든 소풍날
아리랑 담배 한 보루 선생님 드리고
급우들이 제삿날에나 먹어 보는 반찬 싸들고 갔다지만
그렇다고 해서 우리집이 떵떵거리는 권세가도 아니었어

땔나무 아낀다고 불낌 오래 간다고
쇠죽 쑤던 상방에 다섯 식구 자리 펴고
땅콩 가마니 옆에서 아부지는 새끼를 꼬시다
지치면 옥단춘전 침 삼키며 또 읽고
어메는 호롱불에 돋보기 걸치고
설운 세월 헤아리며 홀치기 했어
나는 아랫목에 엎드려 열심히 공부했고

우리 새끼 점 보니까 펜대 잡는 팔자라던데
5급 면서기면 어때
판검사 아니래도 소학교 선생이야 못할라고

내사 그 희망에 힘드는 줄 모른다며
어메는 연신 나를 흘겨보고

국민교육헌장이 선포되던 그 해 겨울
학교 뒤편 창고 마당에 가설극장 서던 날
전교 대표로 마이크를 잡은 나는
외워둔 국민교육헌장을 낭랑하게 읊었어
상으로 하늘색 플라스틱 바가지를 받았는데
그 광경을 전해 들은 우리 어메
아들 자랑에 침이 마르며
도시락 반찬에서 옷가지에 이르기까지
당신은 못 먹고 못 입어도
일등으로 챙겨주신 우리 어메

기원에 가면

I

치수 맞는 또래끼리 땅 뺏기 놀이에 열중인 기원은 간 데 없고
비듬을 잔뜩 털며
담배 냄새 찌든 단벌옷에
내기판으로 청춘을 보낸 일명 기원 사나이들이
만년 5급의 칼을 갈며 좌판을 벌려 놓고
당달봉사 내지는 봉을 기다리는 곳이
요즘 기원이다

기원보다 더 평등한 곳도 없다
육소간 주인과 대학교수와 중국집 주방장이
한 편이 되기도 하고
교회 목사와 당구장 사장과 백수건달이 한 편이 되기도 하는
내기판에는 승부 외엔 일체의 우월감이나
바깥 소식이 존재하지 않는다

신분과 나이를 무시하며
반말투가 결코 자존심을 건드리거나
인격 침해가 아니 되는 곳

아, 뭘해 누가 등 뒤에 서 있다
아무도 협박하지 않는데 초읽기에 몰리고 있다
내가 나에게 몰리고 있다

II

기원 출입이 잦은 나는 승부사를 단번에 알아 본다
만년 그 급수로 반상을 호령하며
먹이를 노리는 사냥꾼
그의 엄살을 조심해야 한다
허랑방탕한 세월과 바꾼 비장의 전법을 숨긴 채
승부를 조작하며
자신의 세가 불리할수록 그는 괴력이 솟는 장사다
수천 판을 두어도 똑같은 판이 나오지 않는
승부의 세계
그 마력에 흥분을 느끼는 순간
아편쟁이 같이
기원 사나이가 된다

III

네 사람이 반상에 앉았다
한 사람은 바둑을 둔다
한 사람은 시간을 둔다
한 사람은 돈을 두고
한 사람은 포기한 세상을 둔다

승부를 둔 사람이 늘 진다
시간과 바둑을 둔 사람이 일부러 져주어도
자신에게 지고 마는 판
계산이 맞질 않는 네 사람의 전투

로스구이

애들 큰이모가 온다며 아내는 내게 삼겹살 심부름을 시켰
다. 지방간이 있어 거들떠 보기도 싫은 돼지고기를 보며
"나는 돼지고기는 안 좋아해" 하시던 어머니를 떠올린다.
내 절망을 당신이 더 깊게 껴안던 어머니. 추석 때 쇠고기
반찬이 상에 오르면 "나는 쇠고기는 안 좋아해" 하여간 별
스런 음식만 보면 "나는 이거 안 좋아해" 자식들 눈치나 살
피던 어머니. 보릿고개며 삼십 년 과부고개를 맨입으로 넘
어 온 어머니. 헐벗어도 자식에게 다 주고픈 당신의 사랑을
이경이와 현제는 알까. 알아야 한다고 주장하는 나를 면박
주며 아이들에게 괜한 스트레스 주지 말라고 아내는 닦달
한다. 아이들은 싫어진 할머니 냄새 대신 삼겹살을 굽는다.
불효가 뭔지도 알 바 없이 뒤집지도 않고 알지도 못하는 옛
날 얘기를 재빨리 굽는다.

고기네아부지새

접동새는 몰라도 소쩍새는 알아
소쩍새는 못 알아 봤어도 두견새는 알아
지방마다 다른 이름 소쩍소쩍 울음 딴 새
그 새가 그 새라
고등학교 가서야 또 다른 이름
귀촉도를 알았다

내 살던 고향에선
고기네아부지새가 소쩍샌 줄 알고 산다
고기네아부지 고기-고
고기네아부지 고기-고
하늘에 메아리 달아놓고
샛강 지나 섬에서 날아
마을 뒷산으로 짧은 봄 설워 울던
고기네아부지새

어쩌다 소쩍소쩍 그 소리 들었지만
뿔 달린 노란 새
유난히도 부리가 길게 빠진 새

저 섬에 놔두고 우리만 보기엔 너무 아까운 새
행여 도시 사람 손 탈까 안쓰런 새
소쩍새 우는 봄이면
지금도 게 살까
섬자락 밟고 도는 뿔 달린 노란 새
내 그리움을 나래치는 고기네아부지새

병렬이 형

이미자의 노래 '울어라 열풍아' 를 파도에 싣고
병렬이 형은 월남 땅 닌호아로 갔다
그 이름도 용감한 따이한이 되어
지뢰밭 포탄 숲으로 가던 날
이제 보면 언제 보나 울먹이던 당숙모님
개코나 베트콩 놈들 어림 없다며
가슴 탕탕 치며
식구들을 안심시키고 떠난 병렬이 형

맹호인지 청룡인지 들었어도 까먹고
대문에다 태극기 사시사철 꽂아 놓고
담 밑에 정안수 조석으로 떠다 놓고
사람 목숨보다 질긴 거 봤냐며
아무 말 말라고 아무 소리 말라고
산신령님 용왕님 부처님께
두 손 비는 이 땅의 어머니

강산에 무궁화 두 번 피던 여름날
국기 들고 흰 장갑에 마스크 쓰고

네모난 보자기 마을에 들던 날
이 무슨 청천벽력 내 아들 오다니
한 줌의 재되어 돌아온 게 너라니
기가 막혀 울음마저 막힌 길에
넋 잃고 누워버린 당숙모

차리리 내 목숨 가져 갈 거지
구만 리 같은 내 새끼 왜 데려갔소
생떼 같은 내 자식 누구 맘대로 잡아갔소
동네 사람 숨 죽이고 따라 울 적에
이장은 스피커도 앰프도 끄고
당숙부는 서낭당을 돌로 찍었다

방송에서
퀴논, 캄란, 닌호아, 투이호아 돌아가며
무적 용사 따이한의 승전가를 외쳤건만
우리 동네 사람들은 귀를 틀어막고
빛바랜 태극기를 분노로 팽개치고
못 다 삼킨 울음을 낙동강에 던졌다

91

달팽이

뭘 더 기대하니
더 이상은 묻지마
난 내 주제를 알아
당신이 탐한 세상이나
내가 포기한 세상이나
거기서 거기야

섬

사람들은
저마다 하나의 섬이 되어 육지를 꿈 꾼다
세상이란 바다에 떠돌다가
자신과 똑 닮은 또 다른 섬을 만나
비로소 완전한 뭍이 된다
더러는 파도에 휩쓸려
다시 섬이 되기도 하지만
끝내는 육지로 돌아오는 섬이 된다

軍歌는 행군의 아침

봄 하늘 잠깐 날던 파랑새같은 순이
그게 끝이었던가
그 후론 통 보질 못했지
1980년 순이는 가택연금이 되고
영창엘 가고 재판 받을 울음만 남았지
어느 놈과 눈 맞춰 연애질 했냐고
살림은 무슨 살림, 꿈도 꾸지 말라며
겁박하는 무리에게 끽 소리도 못했지

나는 순이의 봄을 두고
내 스물 넷의 혈기와 서러운 꿈을 서울에 두고
논산행 입영 밤열차에 실려 가고 있었지

서슬 퍼런 국보위 현판이 서울에 걸리던 날
사나이로 태어나서 할 일도 많다만
너와 나 나라 지키는 영광에 살았다며
황하 교정 솔밭에서 철조망을 기고
사격장 사루에서 총탄가루 날리며
방독면 안 쓰고 개스실에도 들었지

군가는 행군의 아침
요령은 전과 동
구령에 발 맞추어 솔 향기도 잊은 채
화랑 담배 나눠 피는 전우의 등 뒤로
눈물처럼 쓰러지는 서울의 봄을 보았지
연기로 피어나는 순이를 보았지

미시령

산은 여기 천 년을 이어 푸른데
쫓기듯 사는 우리네 삶은
얼마나 허망하고 우스운 일인가

저 눈발 성성한 계곡을 따라
이리 쏠리고 저리 기울다
밤새워 우짖는 길바람처럼
나 또한 그렇게 저물어 가는가

아 몸보다 무거운 고단한 욕심 버리지 못해
이 골짝 저 골짝에 걸리는 구름

허한 가슴 쓸어 내리면
나도
산이 되는가

길

오늘도 간다
시작은 있으되 끝이 보이지 않는 길
어디쯤인지 분간도 못하고
허둥대다 어느새 더는 갈 곳 없어
다시 처음이 되는 길
출구가 없는 달팽이의 미로도 길이라며
수단이란 수단은 다 부려보지만
나보다 먼저 수작 건
또 다른 달팽이

대학로

습작 원고가 교정도 안 보고 책으로 나오던 날
나보다 먼저 세상으로 나가던 날
예총회관 5층 창가에 서서
플래카드 높이 든 동아리 축제를 본다

이상과 낭만이 표표히 흩날리는
행렬 어디쯤엔가
함성이 포성처럼 우는 어디쯤에선가
배고픈 지성의 목메인 외침

산 者여 내게로 오라
눈 가린 세상에 기죽지 말고
시퍼렇게 눈 뜨고 당당히 오라
하늘은 언제나 우리 편이었으니
먹구름 천둥에 놀라지 마라
비 그치면 쨍쨍한 날 반드시 오리니
눈 크게 뜨고 내게로 오라

젊은 피 더운 가슴 지금이 아니더냐
홀로 외로우면 내게로 오라
여기 또 다른 네가 동무할 지니

마로니에 잎이 시나브로 지는 대학로
눈발처럼 꿈이 내린다
함성이 내린다

짐

내려 놓아라
아니다, 들고 있어야 한다
분분한 말에 갈피 못 잡고

나서라
아니다, 지금은 때가 아니다
분분한 결론에 이도 저도 못하고

풀꽃이 흔들리고서야 바람인 줄 아는 우리

무겁다고 쉬이 내리랴
가볍다고 다시 들랴
세상사 하나도 분명한 게 없거늘
이 때라고 노려도 헛짚는 우리

희망도 짐이요, 절망도 짐이려니
못 내린 희망이 절망이라
애당초 내릴 그 무엇도
들 것도 없는 인생

홍도화

그 흔한 복숭아밭에도 못 가고
바람 불면 지고 말아
터질 것 같은 가슴앓이로
한 계절 울던 꽃이여

이 바람이 그치고 나면
사라져 갈 너의 모습

사랑을 노래하던 붉은 입술에
슬프도록 아름다운 세월을 접고
어느 날 문득
떨어질 너는
어느 누구의 꽃이었더냐

※ 홍도화는 열매를 맺지 못하는 도화

선거

국회가 직장이냐, 의원이 직업이냐
이번에는 갈아보자 갈아보자며
국민당 후보는 지프 타고 산길 돌고

뚫어진 양말 벗어 이것 보라며
우리가 바보냐 핏대 올린 신민당 후보

전깃불도 없는 마을
버스 한 대 안 오는 마을
이게 뭔 말이냐
칠흑 같은 앉은뱅이 서럽지도 않느냐며
약국 팔아 나왔다 진보당 후보
억울해서 또 나왔다 만년 야당 후보

갈아봤자 별 수 있나 구관이 명관이다
한 번 더 밀어주어 우리 고장 인물 내고
나라 경제 고향 발전 큰 일꾼 만듭시다
구호는 만발해도 지난번 그 얘기
국회 가서 발언 한 번 못했던 여당 후보

거수기라 소문 나도 금뺏지 여당 후보

고무신을 식구 수대로 못 받으면 간첩
막걸리 한 두 사발 못 얻어 먹었으면 빨갱이
이장이 얼르는 대로 문중 어른이 시키는 대로
찍어주자 공화당
뚜껑 열면 신민당
막걸리 안 먹어도 나라 생각했고
고무신 안 받아도 이 강산 떠올렸네

내가 태어난 의성군이나 나를 키운 안동이나
옆 동네 예천, 문경에는 거의 야당이 당선되었다

맘 맞는 우리끼리라도

맘 맞는 우리끼리라도
동문회에 향우회에 뭘 해야지 않겠는가
술 한 잔 덜 먹고
골프 한 번 덜 치고
맘 맞는 우리끼리라도
너저분한 무용담 대신 정담이 어떤가

우리 나이 몇이냐고 따지지 말게
우리끼리 얼굴 보면 단박에 보일 터
그래도 공평한 건 세월 뿐이잖은가
자네나 나나 이만한 게 다행이지
험한 세상 용케도 버텼지
우리가 용서할 그 무엇이 있었던가
그럴 자격이라도 있는가

저 잘나서 이민 간 놈 시비 말게
우리 두고 먼저 간 놈 욕하지 말고
맘 맞는 우리끼리라도
어떤가 이 밤 오랜만에 달 구경 안 할 텐가
띄엄띄엄 교가라도 부를까
아니면 손박자 잘 맞는 유행가나 뽑을 텐가

우리 동장님

역사는 흐른다
새 날이 온다
앉아서도 보이는데 못 보나 안 보나
우리 동네 역대 동장님은 왜 실패했을까
동민을 보고서도 만나지 못하고
동민을 만나고도 그 마음 못 읽는
우리 동장님

초하

감자밭 고랑에 숨어 피는 앵화
헛기침 앞세운 남정네 뒤에
참한 과수댁 암내를 풍기더라
품삯을 어림잡는 길쌈은 먼데
밭고랑 지나면 뽕나무 뽕나무밭
뽕잎이 왜 그리도 무성했는지
철 지나도 뽕잎을 그냥 둔 연유를
내 그 땐 어려서 몰랐더라만
여름은 비밀처럼 또 오더라

허기진 날의 사랑

1982년 반지하 단칸 셋방 천호동 시절
들쑥같은 어머니는 미사리로 밭 매러 가고
뙤약볕 아래 턱숨이 차는
이천 원 품삯의 밭 매러 가고
잘난 아들은 그 노동을 까먹는 시를 썼다

그 해 여름
억수같은 장마는 한강을 역류시켜 천호동을 삼키고
못난 어머니와 잘난 아들의 지하 셋방을 점령했다
퍼내도 퍼내도 끝이 없던 흙탕물
그것은 어머니의 눈물이요 아들의 절망이었다

허기진 날의 사랑은 차라리 슬픈 것
목숨은 달가운 형벌이라시며
모질도록 인내하던 어머니의 한
그 만분지 일도 못 되는 시를 버리고서야
자식으로 돌아온 아들
무려 십 년이 걸렸다

그리움의 번호

수화기를 든다
절절한 이 그리움을 전해야 할 텐데
그는 어디에도 없다

일과 연관된 노동의 번호와
아니 만나도 하나 궁금치 않을 사람들이
수첩에 헤프게 눈을 뜨고 있다
뚜뚜뚜뚜……
그는 언제나 통화중이다

내 눈물이던 사람들은
시간의 물살로 떠내려 가고
내 스스로를 가두어 놓은
낯선 곳에 내가 있다

그리움의 번호는 없다
다이얼로 부를 수 없는 기호를 맞추며
나는 수화기를 내린다

사는 法

일가끼리 사는 마을은
오히려 매일같이 시끄러워도
각성받이 마을은 늘 조용하다

각성받이 마을 사람들은 사는 법을 안다
튀어봤자 자기만 고립됨을 알기에
몸을 낮추고 목소리를 줄인다
이웃하지 않고는 힘든 세상이라는 걸
너무도 잘 안다

서울 아리랑

울먹이던 입술에 감기는 노래
곡조며 가사가 틀리는지는 몰라도
술김에 내뱉은 넋두리는 아니야

밤마다 궂은 비
날 두고 가는 님

십 리도 못가서 발병 난다
아리랑 아리랑 아라리요

술 취한 뜨내기 밤이 술잔에 엎어지면
고쳐 봐도 슬픈 에레나야
못 가는 고향 시절
손톱에 물들이던 봉선화를 너는 잊었니

輓歌

누가 또 業을 두고 冥으로 가는가
激浪이 無時롭던 今生의 바다
탐욕의 노를 젓던 네 生은 몇 해냐
五蘊*의 숲에서 부질없이 핥던 八法*의 꽃향기
나비의 계절이 다하면
저 六界*의 어드메선가
너는 또
너만의 금을 그으며 턱숨이 차도록 살으렸다
제 앞가림 바쁜 가슴과
異端邪說이 닳은 입술로 미혹한 酬酌을 걸으렸다

註) 五蘊 : 일체의 번뇌를 주는 色 · 愛 · 想 · 行 · 識
   八法 : 이익, 불이익, 명예, 불명예, 論議, 무논의, 苦, 樂
   六界 : 중생이 선악의 업을 따라 윤회하는 여섯 세계로 지옥, 아귀, 畜
      生, 修羅, 인간, 天上을 말함.

알기 쉬운 法

I

처음 보는 사내, 낯이 익다
내가 자라면서 맨날 보던 얼굴이다
작곡가 백창민
말씨마저 고향 말
백씨가 아닌 전씨를 확인코져
"혹시 월소2동 남마 사람 아닙니껴?"
"남마를 알아요?"
아버지의 고향이란다
"내 본명이 전재경이요"

백씨로 불러도 전씨인 이 사내처럼
단박에 알아 볼 세상 없을까
착한 사람은 착한 얼굴로
심보가 구린 놈은 구린 얼굴로
우리가 알기 쉬운 法 말이야

II

등 뒤의 삿대질도 볼 수 있게
막말 안 해도 그 속 알 수 있게
신문고보다 더 큰 소리로
우리 동네 이장의 동네 사정만큼
말 안 해도 알아
눈으로 안 봐도 알아
너는
나는
우리들의 세상은

서울 민들레

추석이나 설 일 년에 그 두 번만 사는 마을
나머지 날은 죽은 마을 그게 오늘 내 고향이다
아이들 노는 소리와 어른들의 싸우는 소리도
사위어 추억이 되어버린 마을에는
늙고 병들어 서울 못 간 노인네 서넛과
며느리 눈치 보기 싫어서라고 했지만
실은 고부간 싸움에서 밀려난 할머니 너댓과
대처 어딜 내놔도 좌불안석일
서른을 넘긴 총각 하나

"돌아와요 네, 돌아와요 네, 삼천포 내 고향으로"
은방울 자매의 노래가 서러운 아침에도
"농사 풍년 친구 흉년 장가든 날 울었다네"
흘겨 듣는 그 노래 서러운 저녁에도
금맥이 동난 폐광 같은 마을 그게 오늘 내 고향이다

가져 갈 거 다 가져 가고 끝내 못 가져 간
유년의 추억을 명절이 되고서야 다시 꺼내
겨우 목숨이나 부지하는 마을

세월의 물살을 가르며
가끔은 호사한 그리움을 물장구 치는 고향
이제 죽어서나 실컷 갈란가
나는 고향 가는 법도 길도 잊은 채
민들레가 된다
외로운 서울 민들레가 된다

낙엽

내 너의 달변에 속아 넘어 간다만
이게 다가 아닌 것만은 기억해 둬
바람에게 맞서기 싫어
시키는 대로 하지만
이게 전부가 아닌 것만은 너도 알 거야

연합동기회

동기들이 모였습니다
안동 출신 연합 동기들이 모였습니다
서울 어디선가 흩어져 사는 추억들이 만납니다
화장실 변기통 비데 만드는 사장 기선이도 오고
출판사 하는 시인 종기, 농촌진흥청 사무관 학동이,
회계사인 아우와 일하는 영락이도 오고
통닭 체인점 회장 무신이, 철산리에서 철물점하는 기식이며
국회의원 오을이, 변호사 진석이도 옵니다
매너 좋고 노래 잘 부르는 현보며
벌써부터 풍 맞아 절룩거리는 다리를 이끌고
기태도 왔습니다

술잔이 돌고 숨이 차 혁대까지 풀었지만
누구도 그 누구도 잘난 체 하지 않습니다
자기 자랑하는 그 순간부터 외톨이가 됨을
우리는 압니다
나름대로 분야의 전문가들이 모였지만
정치 얘기는 불문율이 된 지 오래입니다

두고 온 고향과 다신 못 가는 학창시절을

주점에다 옮겨 놓고 우리는
남문시장 고개를 오르는 발통 트럭이 내뿜는
연기를 쫓아가며 역 앞 대폿집 골목을 지나
천리동 여인숙과 색시집도 기웃거려 봅니다

중국집 만리성의 자장면 맛은 오늘도 곱배기고
낙동강 철뚝길 개망초는 함부로 내던진
책가방에 눌렸습니다

영어 선생님 수학 선생님 지리 선생님을 기억하고
도시락 까먹던 날의 야단과 소풍날의 사진과
졸업식의 스냅들이 우리들 이마 위로
달처럼 떠오릅니다

어느덧 밤이 깊었으나
우리는 2차, 3차를 외치며
다신 못 볼 사람처럼 서로를 붙잡습니다
새털같이 많은 날에 오늘만 날이냐고
누군가 김새는 소리를 하긴 했지만
어느 놈이 그 따위 귀신 씨나락 까먹는 소리했냐고
족치고 들라치면
아무도 그 소리 한 적 없습니다

사삼분기 올 가을 동기회도
정원의 삼분의 일 정도 참석했지만
안 보이는 친구를 원망하지 않습니다
못 오는 그 심정 오죽하냐고 덮어주며
연말 동기회를 기약합니다

희끗한 머리를 새치라고 우기며
지난번보다 더 굽어진 동기의 등을 보고
안 해도 다 아는 상투적인 인사를 오래토록 나누며
소리가 되지 못하고 쓰러지는 노래로
우리는 또 주점을 나섭니다

사진

추억이라고 부르지 마세요
저는 오늘도 여기 있어요
앞날이 창창한
꿈 많고 포부가 큰
서른 넷의 세월로
세종문화회관 1층 세종홀
정두수 선생님의 출판 기념식장 접수대에
환한 얼굴로 앉아 있어요

추억이 된 건 당신일 뿐
저는 꼼짝 않고
하냥 서른 넷의 나이로
지금도 여기 있어요

재개발 조합 아파트

I

북한산 자락의 재개발 조합 아파트
나는 승계 조합원이 되면서
이상한 정글의 법칙과
6.25사변 때 기고만장 했던 완장과
눈 먼 돈과
그 눈 먼 돈이 몇 십억씩 도둑 맞는
현장에 있었다
이구동성으로 조합장은 하나같이 개새끼였다
그에 빌붙은 임원들은 쥐새끼였고
구청 담당은 너구리였고 구린내가 진동했다

먹었으면 도적놈 못 먹으면 등신
어허 이 무슨 낭패더뇨

저마다 재개발 박사였고 저만이 깨끗했다
영웅 났다 모두가 정의의 사도였다
아파트가 왜 십 수년 만에 완공되어야 하는지

조합장이 왜 2년도 못 가서 모가지 당하는지
아는지 모르는지
그래도 내 나라 대한민국은 건설의 노래로 출렁거렸고
매일 반복된 드잡이질과 욕설에
조합 사무실은 야반도주로 이사를 다녔다

장농만한 자물쇠가 채워지고
철장까지 치고 마치 감옥 같았다
사람들은 그 감옥에 갇히고져 목숨을 걸었다

   II

급기야 소외된 사람들끼리
[내 재산 지키기 위원회]를 만들었다
조합 집행부는 기득권 사수에 깡패까지 동원했고
조합원 총회가 성원 미달로 무산되자
집행부는 네 도장 내 도장을 마구 파서
서면총회에 참석한 양 위조하여
공사비를 인상시켜 주었다

사람들은 궐기했고
총회 부존재 확인 소송을 걸었지만

시공회사와 결탁하여 돈줄을 거머쥔
집행부의 승리로 막을 내렸다
칼날을 쥐고 조합원들은 사생결단으로 뭉쳤다
옵션이다, 아니다 기본이다
분양대금 싸움으로 입주는 봉쇄되었고
패를 갈라 꽹과리며 징까지 치며 대치했다

욕심을 버리면 이긴다고 했던가
정의는 승리하고
드디어 드디어 집행부가 무너졌다
철옹성이 무너진 그 자리에 단두대가 세워졌다
역사는 심판의 날을 기약했다

Ⅲ

엉망진창이었다
땅 지분에 어긋난 부정 분양 투성이
짐작은 했었지만 아하 그랬구나 그랬었구나
상가가 이백억이나 턱 없이 잡혀 있고
밤마다 회식비로 기백만 원씩 떨어 썼구나
어디 그 뿐이던가
한 번지에 1주택 분양의 원칙을 깨고

식구며 친척들을 전입시켜 이 놈도 한 채
저 놈도 한 채씩 주었구나
지놈들끼리 작당하여 마구 해먹었구나
간신히 측량을 맞추긴 했는데
준공검사가 또 걱정
다행히도 정말 운좋게도
때 맞춰 지방자치 시대가 열려
구청장을 뽑는 선거 바람에 등기가 떨어졌다
나는 지금도 그 때의 선거를 고마워 한다
사필귀정
그 후 전 조합장들은 줄줄이 영창에 가거나 동네를 떠나야 했다
이제 다시는 복마전인 재개발 조합원은 아니 되리라

산꼭대기에 바위

산꼭대기에 바위
제 발로 올랐다고 우기는 바위
지금부터는 굴러 떨어질 일밖에 더 있겠냐고
걱정하는 나에게
산꼭대기 바위 왈
그럼 너는?
나는 아직 산 밑인데요

쑥부쟁이

야생화란다
쑥부쟁이
돌탑을 쌓은 듯한 꽃
볼이 탐스럽고
숫제 꽃잎은 눈망울이다

금방이라도 눈물이 떨어질 것 같아
화분에 옮길까요?
화단에 심을까요?
화원집 주인에게 물어 본 즉
선생님 맘이지요
그게 바로 쑥부쟁이

張三李四

대대손손 이어 사는 집성촌 마을에
농부의 아들로 살아 오신 아버지
배추 속처럼 꽉꽉 차는 아들아
무우청처럼 쑥쑥 크는 아들아
니네들은 두 손에 흙 묻히지 마라
애비는 못나서 이 산골에서
오도 가도 못하고 앉은뱅이 됐다만
니네들은 대처 나가 보란 듯이 살아라

게

옆으로만 간다구요
그래서 뭐가 어쨌다는 거요
당신처럼 나도
안 볼 꼴, 못 볼 꼴 다 보고 살았수다

갯지렁이, 고동, 망둥이
때로는 낙오된 우럭까지
속내 알 바 없이 뒹구는 갯벌
옆으로만 가도
여기서는 내가 왕이로소이다

모정

오늘따라 더 굽은 어머니의 등 뒤로
눈물처럼 내리는 저 노을을 나 그냥은 못 보네
무엔가에 홀린 듯 허겁지겹 떠밀려 온
그 길도 저물어
황사바람같은 세월이 가는데
어머니, 당신의 가슴에 마르지 않는
모정은 흘러 강이 되어도
키만 컸지
아직도 나는
얼음판에 내놓은 아이랍니다

나팔꽃 관찰

나팔꽃. 혼자서 힘 부치면 우르르 떼를 지어 상대를 제압한다
자신의 존재 확인과 힘 자랑을 위해
틈만 나면 곁가지를 쳐서 식구를 늘린다
나뭇가지건 담벼락이건 손을 뻗을 수만 있다면
어김없이 달려들어 외줄을 탄다
바람이 무거우면 가지로 사다리를 만들어
때를 기다릴 줄도 안다
참으로 여간내기가 아니다
밤에 피어 아침나절에 인사하고
오후에는 얼굴을 숨긴다
저으기 욕심이 많기는 하나
지치면 몸을 낮추어 꽃 피우기에 열중한다
무릇 식물의 공통점은 자기 수명을 안다는 사실인데
일년초든 나무든 종의 본능을 잊지 않고
병이 들거나 수명이 다할 무렵이면
더 빨리 꽃을 피우고 더 많은 열매를 맺는다
나팔꽃을 보며
나는 내 소망의 꽃자리를 생각해 본다
무용담을 늘어놓고 아침을 즐겼던 나팔꽃이

이부자리를 개고 있다
마지막 정열인가
안쓰럽게 내민 꽃송이와 쭈글쭈글해진 이파리가
여름 긴 장마 끝에 울고 있다
어느덧 가을인가

대한국민 만세다

바람에게 주고 남은 말 있으면
강물에 던지고도 남은 말 있으면
산꼭대기 올라가 송기 꺾어 눈물 참자
사람 사는 일이 다 그런 걸진대
우리 사이 뭣이 더 남았느냐 묻지 말기로 하자
서러운 일 진진해도 세월은 가고
내 나라 내 조국은 그래도 커갈지니
동포여 홍수환 어머니의 외침처럼
대한국민 만세다, 대한국민 만세다

국토분단에 신탁통치 회담에도
6.25 난리통 휴전장에도
북핵문제 담판 짓는 그 자리에도
당사자인 우리가 낀 적 있더냐

그 와중에도 소떼는 북으로 갔고
동해의 유람선은 금강산엘 가고
국익을 위해 국군이 이라크에도 가잖니
동포여 힘 내라 우리가 누구더냐

만주 대륙 거느린 호령을 잊었느냐
하와이에 일구던 옥수수밭을 기억해라
임춘애의 운동화에 근성을 매고
우리 동네 이장의 새마을 모자 쓰고
구로공단 공순이의 야간작업 잊지 말고
에헤 금강산 일만이천 봉마다 기암이요
한라산 높아 높아 속세를 떠났구나
에헤라 좋구나 좋다 지화자 좋구나 좋아
명승의 이 강산아 자랑이로구나
대한국민 만세로구나

원수의 총칼을 받아라

……동포야, 원수의 총칼을 받아라
병정놀이 아니래도 어릴 적에 우리는
놀이마다 편 갈라 이 말하며 싸웠네
무슨 말인지 알 겨를도 없이
전투적인 용어로 길들여지며
크면서 외쳤네
동포야, 원수의 총칼을 받아라

병자호란에도 임진왜란에도
꿋꿋이 살아 오늘에 왔거늘
동포는 누구고 원수는 누구더뇨
아마도 이 땅에 잡초처럼 자생한 말이렷다

수많은 외세의 침략에 대항한 구호
일제 강점기에 왜놈을 겨냥한 그 말이렷다
아니면
삼국시대부터 고려까지
우리끼리 치고 받던 역사의 비명

6.25를 치루고 사상과 분단이 낳은
공비같은 역사의 사생아란 말인가

찰거머리처럼 우리 곁에 붙어서
피를 빨고 말 원수 이리도 많은데
치뤄야 할 전쟁이 도처에 숨었는데
동포야, 정신 차려 내 마음을 받아라
총칼 거두고 내 사랑을 받아라

스팸

오늘도 극장에선 예정대로 막이 올랐고
무료한 사람들은 줄을 섰다
농사가 싫어 처녀들은 도시로 왔고
가도 십 리
와도 십 리인 왕십리에서
풋내 나는 사랑을 했다

누군가가 말했다
사는 게 힘 들면 도망가라고
그도 저도 못 할 양이면
예서 그냥 눌러 살라고

사람들

그것은 매번 과정이었다
결과는 아무래도 상관 없었다
사람들은 역사를 만들고져 부산했지만
악을 쓰며 좋은 배역을 고집했고
귀족의 언어가 메아리로 세상을 떠다녔다
이미 양보할 리 없는 결론으로
논쟁은 논쟁을 불렀고
침묵이 오히려 무서웠다

이 바보들아
승패를 떠나
숨기고 온 비수에 베이는 건
자신이라는 사실을 왜 모르니

순덕어미

행랑채 천 서방 잔기침 잦더니만
걸음마도 못하는 순덕일 두고
뒷산 수유꽃이 곱기로서니
해동도 되기 전에 수유꽃 보러 훌쩍 떠났다

독수공방 질긴 섣달에서 윤삼월
송기 꺾어 넘는 보릿고개
주린 가슴 풀어 주저 앉으면
한 자는 더 높아 가파른 고개
지아비 여윈 순덕어미 젖줄마저 마르더니
소태같은 모정을 되삭이던 열 나흘
낭군님 무덤 옆에 젖같은 동산 하나
애고 애고 불쌍해라 우리 순덕이 어쩔꼬
내 팔자도 박복타만
우리 순덕이 어쩔꼬

밤마다 주룩비 윤삼월이 다 가도록
엄마야 초가삼간 그칠 줄 모르더니
언 땅 녹고
지심 짙어지면
때 아닌 뻐꾸기만 설피 울더라

홍시

쟁반에 담아 놓은
홍시같은 살림
알뜰할수록 분명해지는 가난

낮은 빗소리
나는 쓰러진다

억새

억새꽃 부시시한 밤을 베며
윤자, 화연이, 점례, 귀매는
하이힐 뒤뚱거리며 벼룻길을 재촉했다
대낮부터 분 내음 온 동네 바르더니
기어코 기어코 마실 가는구나

지 동네 총각 이래 잔뜩 두고
남 마실은 왜 가노?
분 안 풀린 태국이, 호찬, 삼식이, 병태는
산비알에 엎드려
승냥이 울음 섞어 애꿎은 돌팔매로
훼방이나 놀밖에

술

범표 고무신도 말표 고무신도
만나면 쌈하더라
왜 이리 못났노 너도 배신자
나도 배신자라
배신도 정이라 끊지 못한 서러움을
동구 밖 주막에서
닷새 후 장터에 가서까지
배신을 핑계로 이빨 갈며 술을 먹고
나중엔 술이 술을 먹고
파장 녘엔 술이 사람을 먹고

밤

늘 그랬지만
뭔가, 켕기는 그 뭔가가 자꾸 뒷덜미를 문다
그 얘기는 꺼내지 말았어야 하는 건데
거기까지만 했어야 하는 건데…
비밀을 쏟아 놓고 오는 밤이면
나도 내가 싫었다

속살 젖는 마음의 詩鄕에서
−김병걸 시인의 처녀시집 《낙동강》

한국현대시인협회 명예회장 **정공채**

詩精神이 한결같이 새롭게 출렁대는 시인의 詩心에서, 깊이 울어
나온 詩想에서 시는 言語로 創出된다. 시가 이 過程에서 情感이 主
流로 되어 이룩되었을 때는 主情詩, 知感이 主流가 되어 表出되었을
때는 主知詩라고 한다. 현대시에 와서 主知詩가 擡頭되었기 때문에
이에 相應되도록 시의 根源이 돼 온 抒情詩를 主情詩라는 새로운 이
름으로 부르기도 하는데, 敍事詩와 더불어 거의 동시에 함께 해 온
抒情詩는 지금 이 시간까지도 떠날 수 없는 詩의 本鄕이 되어 우리
의 心情에 아름다운 旗幅을 나부끼게 만드는 빛나는 槪念으로 아롱
지고 있다.

143

시인 김병걸 님의 시세계는 서정시로 一貫돼 있다. 시인의 시심에서 發想된 情感의 이 抒情性의 詩篇들은 우리가 잃어버렸거나 우리 마음에서 잊혀져 가는 아련한 옛것을 되살려 되새김질시키면서 정겨운 그리움을 새롭게 喚出해 오는 어제(과거)와, 淸新한 새 이미지로 내세우는 詩的槪念의 成立에 따른 오늘의 기쁨과 내일(미래)에의 그리움까지도 指向되게 作動케 하고 있다. 곧 김병걸 시인은 우리 얼굴에 우리 마음의 시인으로서 시의 本鄕인 서정시의 고향에 서서 그의 이 시집 《낙동강》 머리말의 一片에서 밝힌 바 있는 "속살 젖는 목소리"로서 본디부터 言語藝術인 詩作을 화안하게 성공시키고 있는 것이다. 시가 자연과 인생과 온갖 事物을 對象으로 해서 언어로 표출시키는 예술로서, 시인 個我의 내면세계의 진실을 아름다운 감동세계로 펼쳐내는 영원한 목소리일진대, 김 시인은 이 本領에 살아오면서 오늘 이처럼 끄떡없는 詩鄕 한복판에서 "속살 젖는" 시의 울림을 마음 가운데 傳言하면서 깊고 아름답게 새로운 그림움을 안겨주는 것이다.

김병걸 시인의 시집 《낙동강》에 실려있는 篇篇의 시작품들을 모두 애기할 수는 없지만, 우선 그 冒頭에서 시 〈가을꽃〉부터 話頭로 삼아 본다.

"가을꽃들이 지는 뜨락/멀대 같이 키 큰 꽃도 앉은뱅이 꽃도/덜 자란 꽃도/초읽기에 몰려 달라는 대로 다 주고//당신의 영욕에 볼모 였던 나/더는 들볶일 일 없는 자유/비로소 완전한 독립으로 이 뜨락 을 떠나리라."

저 「라이너 마리아 릴케」의 유명한 시 〈가을날〉이 문득 연상되기 도 하는데, 그가 주님을 향한 기도시의 형식으로 경건하게 소망을 읊조렸다고 한다면 김 시인의 〈가을꽃〉은 늘어지거나 풀려진 辭說 이 없이 곧바로 지고 말 가을꽃의 생명을 자유와 독립의 개념으로 새롭게 變容시켜 멋지게 살려내 놓고 있다. 우리말의 시어로 승화시 킨 "멀대 같이 키 큰 꽃"에 "앉은뱅이 꽃"의 對比라든가, "달라는 대 로 다 주고"라든가 "들볶일 일 없는"과 같은 우리네 情感에서 배앝 아 내는 순수한 우리말의 서정은 얼마나 멋드러지고 정겨운가. 게다 가 이 시인은 가을꽃의 숙명을 "초읽기에 몰려"서 꽃의 모습을 지우 고 말 테지만 이를 世俗의 사람들에 比喻해서 "당신의 영욕에 볼모 였던 나"(가을꽃과 당신이라는 사람)는 새로운 생명의 자유로운 시 간을 향해, 그리고 "완전한 독립"으로 새로운 생명의 세계로 지향해 가겠다는 그리움에의 미래가 어제와 오늘(초읽기에 몰리는 現時)에 이어 가냘픈 가을꽃의 운명을 죽음이 아닌 새 생명의 탄생으로 꽃 피워내고 있다. 시 〈가을꽃〉에 隱喩(暗喩)로 內包돼 있는 김병걸 시인의 佛敎的 還生思想과 서구시인 릴케의 기독교적 現實思想의 차이점도 매우 유니크한 대비를 이루기도 해서 같은 主題의 時点「가을」이 특이하게 새롭기만 하다.

대담하다 할까, 어쩌면 거침없다 할까,「피맛골」로 불리는 서울 종로 大路의 옆쪽 골목인 피맛골은 조선왕조 시대, 서민들이 君子大路行 하는 벼슬아치들을 피해 즐겨 거닌 뒷골목이란 뜻에서 그 이름을 얻었다는 由來가 있지만,「청량리 588번지」에 자리잡고 있는 서울 청량리의 이 윤락가를 두고 詩作하기를 솔직히 말해 시인의 한 사람인 이 跋文의 필자 역시 회피해 왔음이 사실이다. 그런데 김 시인은 위장된 꾸밈이거나 아무런 두려움도 없이 몸을 파는 불쌍한 여인들의 거리에 들어선다.

"이쁜 꽃 앞줄에 앉고/못생긴 꽃 그 뒤에 숨어 숫자 늘리고/커텐 올린 저 유리창 안/화분에 담긴 꽃들이 웃는다/제 발로는 한 발짝도 화원을 도망칠 수 없는 분재(盆栽)/호객을 하는 늙은 꽃이 나비를 잡는다/묻지도 않은 꽃 값을 매기며/이쁜 꽃 앞줄에 세우고/못생긴 꽃 그 뒤에 숨겨 호기심만 돋우고//어디서건 꽃은 이쁘고 볼 일이라는

사실을 확인한다."-시 〈청량리 588〉

悲感이 가만히 우러나오는 스트레잇 폼의 알레고리 시작품이다. 알레고리에서도 몸 파는 여인을 「꽃」으로, 펨프를 「늙은 꽃」으로, 오입쟁이를 「나비」로 代喻시킨 擬人法을 써서 오히려 페이소스에서 도 가장 으뜸으로 치는 「悲感의 아름다움」을 反語的으로 승화케 한 작품이다. 어두운 그늘 속 냄새 고약한 人肉市場의 비극을 逆說的 양지의 꽃피는 「화원」으로 생생하게 드러내면서 이곳에 갇혀 사는 여인들을 화분에 심어 옴짝달싹도 못하게 억지로 生育시키는 「盆栽 植物」로 的確하게 비유하는가 하면, 마지막 結句에서 "어디서건 꽃 은 이쁘고 볼 일이라는 사실을 확인한다"고 하는 「아름다운 傳慓」에 의 命題마저도 直說해 놓고 있다. 어디 샤를르 보들레르의 〈惡의 꽃〉 도 김 시인의 〈청량리 588〉에 버금가고 있는지….

우리나라 말의 아름다운 정감이랑 멋드러짐을 이 세상 어느 나라 에선들 찾을 수 있을까. 이 實感을 다음의 詩에서도 정감 깊게 울림 해 준다. 〈시집 《낙동강》에 발표돼 있는 詩篇의 擧皆가 다 그러하지 만〉

"비럭질도 화적질도 못할 주제렷다//평생을 산이 되어/더는 내려 갈 줄도 오를 줄도 모르렷다//김씨가 강이 되고/이씨가 들이 되어도 /하나 부탁할 일도 없는 두메나 산골/수유꽃 지고 나면 억새꽃이라 도 필 터//이 산 내려가면/영욕의 바람에 내 한 몸조차 가누지 못할 지니…"-시 〈두메나 산골〉

이 시의 標題가 된 〈두메나 산골〉에서부터 점잔을 빼고 어쩌면 위엄을 부려야 마땅할 줄로만 아는 표준어「두메산골」이라는 文語體의 복합명사(두메+산골)를 기피해, 김 시인은 정다운 우리 口語體를 표제로 써서「두메」와「산골」을 접속시키는 접속어「나」를 이 두 말 사이에 넣어 〈두메나 산골〉이라는 멋드러진 시 제목을 붙이고 있다. 시골이나 산골의 情趣가 저절로 우러나는 제목에서 시작해 本句가 펼쳐지는 첫머리의「비럭질」과「화적질」의 비천한 인생살이 거동에 따르는「못된 짓」에 붙는「一질」이 생생한 시어로 살아났는가 하면, 「김씨」와「이씨」도 우리 情感에 휘감겨 들게 시어로 소생해 빛을 더하고 있다. 또 語尾에 갖다 붙는「一렷다」라거나「一터」,「一지니」와 같은 語尾詞 역시 비록 짧은 시이긴 해도 이 작품의 멋을 素朴美의 아름다움으로 얼마나 더해주고 있는가. 아울러 시의 행간을 안 두고 接續行의 구실을 하면서 그 뜻도 함축시키는 구화체의 언어

「더는」이라는 어찌씨 한 마디도 얼마나 정다운 단어이련가. 시인을 두고 「언어의 鍊金術師」라고 표명한 말이 새삼 이 작품에서도 새롭기만 하다.

"비럭질도 화적질도 못 할 주제렷다

평생을 산이 되어
더는
내려 갈 줄도 오를 줄도 모르렷다"

언제나 태어난 숙명 그대로, 주어지는 운명 그대로 살아가면서도 조금도 욕심이거나 불평 따위가 「더는」 없기만 한 「두메나 산골」의 사람들. 그저 묻혀 사는 平民의 「김씨」나 「이씨」, 그것도 넓은 들판 속 가멸함을 누리거나 邑城사람의 우쭐거림과는 담을 쌓다시피 해서

"김씨가 강이 되고
이씨가 들이 되어도"

그저 상관이 없이 팔자려니 하고 순박하게 살아가는 두메산골 村 夫네. 산수유꽃 이른 부春에 피었다 지고 어느새 가을이 와서 억새 꽃 희게 피었어도 이 터전의 사람들은 세월이 그런거니 하고 이 탓 저 탓을 더는 말하지 않는다.

"이 산 내려가면

영욕의 바람에 내 한 몸조차 가누지 못할지니…"

아, 그러나 이런 사람들이 얼마나 될꼬? 지금 세상에….

김 시인은 주변에서 숱하게 만나는 이웃네들을 간절한 애정으로
옛날(과거)의 어제를 그리움으로 되새김질 해 놓고 있다. 어느 시인
이 이 같은 名篇의 잃어버린 서정을 달래어 주었던가. 서두의 인사
말에서 "살면서 거역 못할 절망이 흔하다지만 가끔은 속살 젖는 목
소리와 소식도 있어 나는 삽니다. 그리움이 많아 잠 안 오는 밤이면
하늘을 봅니다. 그리운 만큼의 쓸쓸함이 나를 지배하고 그 외로움이
시가 됩니다"라고 김 시인은 소탈하고 겸허한 고백을 하고 있지만,
그는 많은 시인 가운데서도 매우 유니크한 놀라운 시인임은 우선 앞
에 列擧한 두세 편의 시작품만 읽고서도 自明하고도 남는다 해도 과
언이 아닌 걸로 확신한다.

跋文이라고 하는 형식에 매인 성격상 일일이 시집 《낙동강》에 실
려있는 시편들을 마음껏 짚어 評說할 수가 없어 안타깝기도 한 필자
의 心情은 덮어두기로 하고, 시집의 표제가 된 장시 〈낙동강〉 그 두
어 부분을 옮겨 이 글의 結言 삼아 끝맺기로 한다.

"돌석이네 맏딸 후분이가/모과 닮은 그 후분이가/접동새 슬픈 날 낙동강 건너/가마타고 오줌 싸며 시집을 갔다/줄줄이 일곱 동생 말도 마소 가난턴 집/입 하나 줄인다고 눈물 줍고 가던 길/넘어지면 다시 올까 목이 메던 송아지/외양간에 타는 노을 즈려밟던 강이여."

─시 〈낙동강〉의 「후분이」篇

"바람이 칼을 가는 강나룻 턱에/어이 어이 부르면/뱃길을 저어야 할 석동이네 식구들/낮에는 여섯 식구 투망질한 물고기 비늘 봉당에 흘려 놓고/밤이면 뱃손님/어이 어이 문풍지로 우는 소리/석동이네는 일자무식/어이 어이만 알면 그만/오든지 가든지 사연이 뭐든지 내 알 바 아니지 뭐/저 강에 다 주지 뭐." ─시 〈낙동강〉의 「석동이네」篇

김 시인은 長詩를 써도 호흡이 넉넉한 시인이다. 호흡이 길기 때문만은 아니고 天賦的인 韻律士의 재질도 타고나서 그러한지 "시는 운문"이라고 하는 正統的인 운문에의 호흡도 자연스레 脈絡을 함께 해 그 리듬이 줄줄이 살아 가락을 흥겹게 이어주고 있다. 韻文(Verse)의 멋들어진 詩行에 이 시인은 또 감칠맛 고운 修辭(Rhetoric)도 알맞게 띄워 詩의 아름다움을 더해가는 天衣無縫한 시인의 자질을 보여주는 주인공이기도 하다. 시 〈낙동강〉의 「후분이」篇의 리듬과 화려한 수사는 이 長詩가 처음부터 끝맺을 때까지 줄곧 이어져 悼尾를 맺고 있는데, 마음도 속살도 衣服도 詩가 되어 넘실거리게 감동감명의 名作詩인 바 榮光 내내 함께 하시라, 우리 김병걸(金炳杰) 시인이여!

2003년 10월 24일